LA MORT DE NAPOLÉON.

DITHYRAMBE.

NOTICE SUR LA VIE ET LA MORT DE NAPOLÉON BONAPARTE.

DE L'IMPRIMERIE DE P. DUPONT.

LA MORT DE NAPOLÉON.

DITHYRAMBE

TRADUIT DE L'ANGLAIS DE LORD BYRON;

PRÉCÉDÉ D'UNE

NOTICE

SUR LA VIE ET LA MORT

DE

NAPOLÉON BONAPARTÉ;

PAR SIR THOMAS MOORE.

PARIS,

CHARLES PAINPARRÉ, LIBRAIRE,

PALAIS-ROYAL, GALERIE DE BOIS, N°. 250.

1821.

AVERTISSEMENT

DU TRADUCTEUR.

Les deux pièces que nous publions ici pourront avoir quelques succès en France, comme elles seront sans doute accueillies partout ailleurs. Maintenant que Napoléon a cessé de vivre, il doit être permis de lui rendre justice; et d'ailleurs la Notice de sir Thomas Moore est assez sévère. Lord Byron, plus indulgent, parce qu'il admire en poëte, a moins appuyé sur les reproches que l'on peut faire à Napoléon; et son dithyrambe plaira aux âmes qui sentent, tandis que la Notice de sir Thomas Moore sera plus agréable aux esprits qui jugent.

Le dithyrambe de lord Byron a été composé dans une soirée; c'est une production de l'impression violente que la mort du héros a faite sur l'esprit du grand poëte. Il nous a été envoyé par sir Arthur Smylders, ami du noble lord; et nous devons à nos lecteurs de leur avouer que ce dithyrambe n'est qu'une première inspiration non encore achevée ; il en circule divers morceaux à Londres, quoique jusqu'ici lord Byron n'ait pas confié son nouveau poëme à la presse. Il veut, nous écrit-on, l'étendre davantage ; et il est probable que lorsqu'il sera imprimé, le traducteur habituel de lord Byron en fera part au public français. Pour nous, nous avons voulu, en attendant, faire paraître la traduction d'un morceau qui nous paraît plein de beautés et de force.

La notice de sir Thomas Moore a été publiée dans deux journaux semi-périodiques de Londres. Nous nous sommes fait un devoir de la joindre au dithyrambe.

Nous avouerons encore que nous avons fait quelques légères suppressions dans la notice et dans le dithyrambe. Ces passages supprimés étaient, ou des injures à la France, ou des circonstances qu'il ne convenait pas de laisser dans cette brochure.

ALFRED DE LA F*******

NOTICE

SUR LA VIE ET LA MORT

DE

NAPOLÉON BONAPARTE,

Publiée dans deux journaux anglais, sous le titre de Nécrologie du Prisonnier de Sainte-Hélène;

PAR SIR THOMAS MOORE (1)

On doit des égards aux vivans, a dit un Français illustre; on ne doit que la vérité aux morts (2). Depuis que la vie de Napoléon n'est plus qu'un

(1) Sir Thomas Moore, estimé par les Anglais à côté de lord Byron et de sir Walter Scot, est auteur d'un charmant poëme intitulé *Lalla-Rouck*, ou *la Princesse mogole*. On en a donné une traduction en France, il y a peu de temps, en 2 vol. *in*-12. (*Note du traducteur de cette Notice.*)

(2) Voltaire, *Lettres préliminaires sur* Œdipe.

souvenir, on pourra sans doute lui rendre justice. Mais on n'a pas attendu son heure suprême pour l'accabler d'outrages.

Napoléon Bonaparte naquit à Ajaccio, le 15 août 1769, peu de temps après la réunion de la Corse à la France. Il était le second fils de Charles Bonaparte, ancien député de la noblesse corse, et de Mme Lœtitia Ramolini, femme d'une naissance distinguée et d'une grande beauté. Son père n'était pas riche, et il avait une nombreuse famille. Le jeune Napoléon dut à la protection de M. de Marbeuf le bonheur d'être élevé en France à l'école militaire de Brienne. On a fait courir à ce sujet mille bruits calomnieux. Les hommes vils, qui ne soupçonnent pas qu'on puisse faire le bien par des motifs désintéressés, accusèrent M. de Marbeuf d'avoir eu des liaisons criminelles avec Mme Bonaparte. Le fait simple est que M. de Marbeuf pressentit et voulut développer le mérite du héros naissant.

De l'école militaire de Brienne, le jeune Napoléon passa en 1784 à celle de Paris. Il n'avait encore que quinze ans, et déjà il montrait tous les goûts d'un homme mûr et réfléchi. On remarquait surtout son amour pour la solitude, le genre original de son esprit, ses dispositions ardentes pour l'étude des mathématiques, et le plaisir qu'il mettait à lire nuit et jour les grands hommes de Plutarque.

Une émulation qui avait tous les symptômes de l'envie se décelait dans sa maigreur et annonçait un ambitieux. Il pâlissait avec fureur lorsqu'il était surpassé ; il est vrai que ses rivaux l'égalaient rarement.

A vingt ans, il fut nommé sous-lieutenant d'artillerie au régiment de La Fère, et il embrassa tous les principes de la révolution qui éclatait. Il savait que dans les désordres politiques un homme habile s'avance et peut parvenir à un rang élevé. D'ailleurs, à sa naissance, la révolution française se présentait sous un aspect si admirable, qu'il fallait avoir une âme glacée pour ne pas en approuver les réformes et les heureux résultats que l'on pouvait s'en promettre. La grande âme du jeune homme pouvait donc aussi s'enflammer pour les idées révolutionnaires, sans avoir d'arrière-pensées criminelles. Cependant les troubles suivirent de près une révolution qui aurait dû être achevée après la constitution de 1791. La Corse, comme la France, était bouleversée par divers partis. Napoléon se joignit aux plus ardens, et composa un poëme sur la liberté. Ce poëme est peu connu, et sans doute Napoléon l'eût renié lorsqu'il était empereur.

Nommé lieutenant-colonel de la garde nationale de Corse, il montra tant d'ardeur et si peu de prudence, mais en même temps un zèle si vif pour la liberté, que le général Paoli, qui commandait la Corse, et qui avait formé le projet bien connu de livrer cette île aux Anglais, pour la gouverner ensuite avec le titre de vice-roi, se hâta de bannir Napoléon, avec toute sa famille. Cette famille se réfugia à Marseille, et y vécut dans une médiocrité qu'on lui a reprochée comme un opprobre, parce qu'aux yeux du vulgaire la pauvreté est un crime.

Napoléon cependant fréquenta les clubs, se fit des amis, écrivit des brochures, et montra un républicanisme si pur, que Barras et Sallicetti lui firent donner le commandement de l'artillerie, au siége de Toulon. Il commença de montrer qu'il était un brave, et eut la plus grande part à la réduction de la place.

Si l'intérieur de la France était dévoré par des scélérats, et livré aux iniquités les plus odieuses, à l'armée du moins il y avait quelque justice. Les services de Napoléon eurent leur récompense; on le nomma général de brigade dans l'armée d'Italie, et le commandement de l'artillerie lui fut confié.

Mais au 9 thermidor il fut destitué, avec une

multitude d'autres officiers, que l'on déclarait terroristes et partisans de Robespierre. On dit qu'alors Napoléon signait quelques-unes de ses lettres du nom de Brutus Bonaparte, citoyen sans-culotte; mais cette assertion n'est aucunement appuyée.

Après sa destitution, il vint languir à Paris dans une triste obscurité: ses ressources étaient si étroites qu'il voulait quitter la France; il allait passer en Hollande, pour se rendre de là en Turquie. La France, en perdant ce jeune homme, aurait eu quelques victoires de moins; sans doute elle aurait eu aussi moins d'éclat et de gloire, mais peut-être en même-temps moins de malheurs. Il n'y a rien à regretter lorsqu'on perd à-la-fois un grand homme et un tyran.

Mais alors Napoléon n'était qu'un grand homme. Au moment où il était prêt de partir de France, les sections de Paris se révoltèrent contre la convention, le 5 octobre 1795 (1). Barras, qui connaissait déjà le jeune Bonaparte, l'appela au commandement des troupes qui défendaient cette fameuse assemblée. Il servit si bien la convention qu'on le nomma général de l'armée de l'intérieur, sous les ordres de Barras;

(1) 13 Vendémiaire an 4. (*Note du traducteur.*)

et quand ce protecteur du jeune Corse fut monté au directoire, Bonaparte devint général en chef.

C'est vers ce temps-là qu'il épousa Joséphine de la Pagerie, veuve du vicomte Alexandre de Beauharnais. Cette femme, pleine d'humanité et de bienfaisance, était amie de Barras, et se servait souvent de son pouvoir pour obliger des malheureux. Elle fut long-temps, par ses conseils, son esprit et sa sagesse, le bon génie de Napoléon, à qui elle fit pourtant commettre quelques fautes.

Après son mariage, Bonaparte fut nommé, le 23 février 1796, général en chef de l'armée d'Italie; et il commença ces brillantes campagnes qui le couvrirent de lauriers immortels, et qui se terminèrent par le traité de Campo-Formio, par lequel la France céda Venise à l'Autriche, qui renonça aux Pays-Bas, et reconnut la république Cisalpine.

Le directoire armait alors un flotte qu'il disait destinée contre les Anglais, et qui ne devait être employée qu'à une expédition en Égypte. Au mois de décembre 1797, Bonaparte en obtint le commandement: il partit de Toulon le 19 mai 1798, soumit l'île de Malte en passant, débarqua à Alexandrie, et perdit sa flotte à Aboukir.

La victoire l'accompagna sur le sol égyptien, comme elle avait marché sous ses drapeaux dans les champs de l'Italie.

Victorieux, mais dénué de provisions, il entreprit, au commencement de 1799, l'expédition de Syrie, qui eut peu de succès; et il se retira de Saint-Jean-d'Acre, après avoir perdu dans une épidémie quelques-uns des compagnons de sa gloire.

Il gagnait sur les Turcs la bataille d'Aboukir, et poursuivait ses victoires, lorsque les nouvelles qu'il reçut de l'Europe lui apprirent que la France était plongée dans la confusion et l'anarchie. Il s'embarqua secrètement le 23 avril, reparut bientôt sur le territoire de la république, où il était vivement désiré, renversa, le 18 brumaire an 8 (1), la constitution directoriale, et fut proclamé chef du gouvernement, qui prit une nouvelle forme. Napoléon eut le titre de premier consul, et des prérogatives déjà trop grandes dans un état républicain.

Pendant toutes ces choses, l'Italie avait été reprise. Bonaparte se mit en marche pour la conquérir de nouveau; et le 14 juin 1800 il gagna

(1) 9 Novembre 1799.

la bataille de Marengo (1), jour à jamais célèbre dans les fastes militaires de la France.

Ces nouveaux lauriers que le jeune héros recueillit en Italie, ne furent pas moins brillans que les premiers. Nous n'avons point rappelé le pont de Lodi, les Pyramides, et cent autres batailles fameuses. Il serait trop long de s'arrêter à toutes les victoires que les Français remportaient alors.

Au retour de l'Italie, une seconde fois soumise, le pouvoir de Bonaparte s'accrut tellement, que ce n'était plus le chef d'une république; il ne lui manquait que le nom pour être monarque.

Son éclat et sa puissance lui firent de nombreux ennemis; et le 24 décembre 1800, l'explosion d'une machine infernale mit ses jours dans un si grand danger, qu'il n'y échappa que par une sorte de miracle. Il profita habilement de cette circonstance pour poursuivre également les jacobins qui entravaient ses projets de souveraineté, et les partisans de la Vendée, qu'il devait croire nécessairement ses ennemis.

Il reprit ensuite la vie militaire, parce qu'il

(1) Le même jour, en 1807, les Français remportèrent la victoire de Friedland.

pensait mériter par des conquêtes, la grandeur que lui accordait la France, et parce qu'il savait qu'à l'ombre de la gloire, un peuple enthousiaste oublie facilement de défendre sa liberté.

Toute la rive gauche du Rhin, jusqu'à la Hollande, fut réunie à la république française, dont le territoire s'agrandissait tous les jours.

Bonaparte chercha aussi à augmenter son parti en rétablissant les cultes, en rouvrant les églises; et peut-être fit-il une imprudence en donnant une préférence trop marquée au catholicisme. Quoi qu'il en soit, il publia bientôt le concordat du 15 juillet 1801, et ne laissa d'abord au clergé catholique qu'une influence très-modérée, avec une égale liberté aux autres cultes.

Le 19 mai 1802, il fonda la sublime institution de la Légion d'honneur. Quand je dis sublime, je parle dans un sens un peu monarchique, car avec une république il faudrait préférer les sabres d'honneur et la couronne de chêne.

Jusque-là Bonaparte avait été grand avec assez de constance; sa gloire commença à se ternir lorsqu'il devint trop puissant. Il fit poursuivre au commencement de 1804 les géneraux Pichegru, Georges et Moreau, comme coupables d'avoir tenté de rétablir la royauté en France.

Cette accusation pouvait être fondée à l'égard de Georges et de Pichegru; mais il n'est pas prouvé que Moreau songeât alors à autre chose qu'à servir sa patrie.

On a dit que, d'accord avec les principaux du gouvernement français, Napoléon voulait se faire proclamer souverain, et que les juges de Louis XVI exigeaient de lui quelque victime, qui prouvât qu'il n'agissait point pour le rétablissement des Bourbons. Mais c'est-là un propos absurde. Napoléon était déjà consul à vie; il était souverain reconnu par ce fait même. D'ailleurs, aucune de ses démarches ne donnait lieu de croire qu'il travaillât pour d'autres que pour lui. Il fit poursuivre Moreau, qui lui faisait ombrage. Il fit assassiner, par la plus lâche trahison, l'infortuné duc d'Enghien, qui donnait de grandes espérances, et dont il craignait le parti.

Après cela, il se fit proclamer empereur des Français. S'il s'est rendu criminel, malgré les larmes de Joséphine, qui lui donna les conseils les plus sages; s'il s'est jeté dans les forfaits pour captiver les suffrages des terroristes de 1793 (qu'il ne devait pas espérer de gagner, puisqu'il les avait poursuivis après la machine infernale), c'est une grande tache à sa mémoire; et ses amis devraient chercher à la couvrir.

Mais il n'est point de beau jour sans nuages; et Napoléon eût mérité des autels s'il n'eût pas fait de grandes fautes.

Nous observerons encore que sa famille fut pour lui une source de malheurs. Seul, il se fût montré moins ambitieux; il avait une multitude de sœurs et de frères qui lui demandaient des trônes Après s'être fait sacrer roi d'Italie, il créa successivement dans l'Italie même, dans la Hollande, dans la Westphalie, dans l'Espagne, dans tous les pays qu'il conquit, des Etats pour toute sa famille; et cet enfant de la république devint un faiseur de rois, qui tous n'étaient pas dignes de régner, et qui aidèrent à sa perte.

L'Autriche s'était de nouveau mise en armes, effrayée des succès de la France. Napoléon marcha contre l'Autriche. Il prit Vienne le 13 novembre 1805 et gagna la bataille d'Austerlitz le 2 décembre suivant, jour anniversaire de son sacre. La victoire d'Iéna suivit de près.

Au milieu de ses conquêtes, Napoléon convoqua le grand sanhédrin des juifs, afin de mettre les préceptes de Moyse en harmonie avec les lois civiles de la France. Des monumens s'élevaient de toutes parts; les beaux arts étaient fortement protégés; le commerce florissant; et la France alors était sans doute le premier état du monde si elle n'eût pas déjà perdu toute sa liberté.

Ce fut le 21 novembre 1806 qu'un décret impérial déclara imprudemment les îles Britanniques en état de blocus. Napoléon ne connaissait pas la force de l'Angleterre.

Cependant les victoires d'Eylau et de Friedland amenèrent en 1807 la paix de Tilsitt, si avantageuse aux Français et à Napoléon, qui entra à Lisbonne le 30 novembre de l'année suivante, selon le traité secret qui partageait le Portugal entre les Français et les Espagnols.

Les émigrés avaient été rappelés; ils durent principalement cette faveur aux instances de la bonne Joséphine, à qui il faut peut-être attribuer aussi le rétablissement du clergé. Napoléon avait créé une noblesse; il rendit à l'ancienne ses titres et son importance, mais il n'osa lui rendre alors ses privilèges ; et il est probable que s'il eût régné dix ans de plus, il eût rétabli la dîme, et rendu sous de nouveaux noms quelques-unes des prérogatives féodales. Il en avait déjà pris le chemin.

On vit, en 1808, l'université impériale organisée, la famille royale d'Espagne captive, et la guerre, cette guerre funeste que l'on appela d'avance le tombeau des Français, la guerre d'Espagne fut déclarée sans motifs avoués par la vraie politique.

L'Autriche crut profiter de l'occasion de cette guerre qui occupait les Français, pour se venger de ses défaites et reprendre ce qu'elle avait perdu. Les Français retournent aussitôt sur Vienne, y rentrent le 13 mai 1809, remportent les batailles d'Essling et de Wagram.

La paix de Vienne est signée le 14 octobre, et le 15 février 1810, Rome fait partie de l'empire Français, alors au comble de la grandeur.

C'est alors aussi que Napoléon commit la plus cruelle imprudence, en répudiant Joséphine, qui avait été long-temps son ange tutélaire. Il épousa l'archiduchesse Marie-Louise. Ce mariage, qui fut, dit-on, une condition imposée par le vainqueur à l'empereur d'Autriche, ne fut point heureux; et après la naissance de son fils, Napoléon ne fit plus que tomber.

La Hollande, le Valais, les villes Anséatiques étaient réunis à la France. Mais des projets trop vastes brisèrent l'arc trop tendu. On sait les désastres trop récens de la campagne de Russie. Malgré les victoires de Smolensk, de Moscou de Lutzen, de Bautzen, toute l'Europe armée s'avance sur la France et les alliés entrent Paris le 31 mars 1814.

On se rappelle encore que Napoléon quitta Fontainebleau le 20 avril suivant; qu'il fut indignement outragé dans les départemens du Midi, et relégué à l'île d'Elbe avec le titre d'Empereur. Il arriva dans cette île le 3 mai, jour où Louis XVIII fit son entrée à Paris, qui désirait véritablement un gouvernement plus paisible, et qui reçut son Roi avec un enthousiasme que l'on pourrait trouver extraordinaire, si l'on ne savait combien les Français aiment la nouveauté.

Napoléon, dans ses nouveaux états, s'occupait de travaux publics. Il attendait une occasion. Il avait dit en partant de Fontainebleau : « Il n'y a que les morts qui ne reviennent pas. » Il tint le même propos en rentrant à Paris le 20 mars 1815.

Cette invasion n'a point surpris les personnes qui pensaient. Il est certain qu'il n'y avait, dans Louis XVIII et dans sa famille, que des intentions droites; mais d'imprudens ministres donnèrent des alarmes, effrayèrent les intérêts nouvaux et préparèrent le 20 mars. La bataille de Waterloo termina tout.

Napoléon eut tort; il était vaincu. Il se jeta avec une grandeur d'âme qui parut bien singulière, entre les bras des Anglais, ses constans ennemis. Peut-être l'Angleterre eût-elle dû se conduire à son égard plus noblement qu'elle n'a fait. Il est constant que c'est le peuple dont il avait réclamé l'hospitalité, qui le traita avec moins d'égards. La captivité trop cruelle de Napoléon sur les rochers de l'île Saint-Élène, avilira bien des noms qui se croient illustres.

Il y avait six ans que Napoléon était seul dans sa prison, s'occupant de ses jardins, de la chasse, et se délassant, dit-on, en écrivant ses mémoires. Quelques personnes ont mis en doute cette dernière circonstance. Ils ont osé dire que Napoléon ne savait pas écrire. A-t-on oublié ses proclamations immortelles, et cette éloquence militaire dont il est le fondateur? A-t-on oublié qu'on lui doit des poësies et des brochures politiques pleines de force? Il en empêcha la réimpression, parce qu'il ne voulait pas que l'on comparât l'amour de la liberté qu'il montrait sous la république, avec le despotisme qu'il déployait dans l'empire.

Napoléon était devenu sombre, mélancolique; il fuyait la vue des hommes, et des Anglais surtout. Dans la dernière année on remarquait que souvent il interrompait des heures de silence pour s'écrier : Les monstres! que ne me fai-

« saient-ils fusiller, j'aurais reçu du moins la « mort du soldat. »

Une maladie qui dura plus de quarante jours lui fit pressentir sa fin prochaine. Il avoua qu'il ne voyait pas sans horreur la mort s'approcher, lorsqu'il songeait qu'il ne devait plus voir aucun des objets qui lui avaient été chers, et qu'il allait mourir loin de sa patrie, sur un sol étranger, au milieu de ses barbares ennemis : c'étaient ses expressions, et elles n'étaient pas trop forcées; car enfin Napoléon fut coupable; il méritait sans doute sa chute; mais on l'abreuva d'outrages. On avait poussé l'indignité jusqu'à lui refuser la lecture des journaux français. Je crois qu'il n'était pas possible de le rendre plus malheureux qu'on l'a fait, et certainement il se serait tué s'il n'eût craint de passer pour un lâche.

Ces tyrannies que l'on exerçait contre le prisonnier de Sainte-Hélène, n'étaient pas dans les intentions de la cour de France; mais sir Hudson avait reçu des instructions sévères, qu'il exécutait plus sévèrement encore.

A la fin d'avril 1821, la maladie de Napoléon était devenue très-grave. Il s'occupa de son testament, dont nous ignorons les dispositions, mais que l'on a, dit-on, apporté en Angleterre, et qui sera peut-être publié.

A mesure que l'heure suprême approchait, Napoléon la considérait avec des symptômes divers. Tantôt il semblait se réjouir de quitter bientôt une vie si misérable, tantôt il tombait dans un sombre désespoir, à la désolante idée de l'horrible mort qui l'attendait. Le samedi 5 mai, il était au lit depuis quarante jours, lorsqu'il s'aperçut qu'il allait s'éteindre. Il dicta ses dernières volontés, les signa avec calme, demanda qu'après sa mort son corps fût ouvert, versa quelques larmes en balbutiant des adieux à la France, remercia vivement le petit nombre de Français qui avaient eu la générosité de suivre sa mauvaise fortune, et qui sanglottaient autour de lui; et le même jour 5 mai 1821, à six heures dix minutes du soir, Napoléon expira sans témoigner de douleurs violentes.

La journée avait été triste, le temps sombre, la nature en deuil. Il avait prié son médecin de voir s'il mourait de la même maladie que son père, pour en prévenir son jeune fils. Le médecin déclara, on l'assure du moins, que la mort du prisonnier avait été causée par un cancer dans l'estomac. Le corps fut exposé aux regards des insulaires. — Nous ne savons pas encore quelles funérailles on fera à cet ancien frère des souverains.

LA MORT

DE NAPOLÉON.

DITHYRAMBE.

C'est quand le soleil ne sera plus que l'on oubliera les épidémies et les tempêtes que ses chaleurs ont causées, pour admirer son éclat, sa lumière et sa force.

C'est quand l'épouse bien-aimée est descendue dans la tombe, que l'homme oublie les défauts de son esprit pour rendre hommage aux vertus de son cœur et aux qualités de son âme.

Le héros est tombé sous la faux des noirs génies. Muses, brisez vos harpes glorieuses; le grand homme n'est plus.

France, dis-moi ce qu'est devenu cet astre superbe, qui naguère faisait jaillir sur toi des flots de lumière et des gerbes de laurier! Dieu des combats, dieu terrible, qui te plais au son des clairons et des tambours, qui contemples d'un œil avide les scènes de la guerre; dieu des combats, ton bien-aimé n'est plus!

Et vous, dieux de la gloire, muses, génies des arts, venez jeter avec moi quelques fleurs sur sa tombe.

Napoléon n'est plus! et la nature est muette; et l'Europe est tranquille; et les fêtes ne sont point interrompues! L'ange de la mort a-t-il donc frappé la tête vile d'un homme obscur? Non: l'homme du siècle est tombé, et l'Europe voit d'un cœur froid la chute du colosse qui fit trembler le monde.

Ah! si l'antre de la mort se fût ouvert sous les pas du grand homme, lorsqu'il étendait son sceptre brillant sur les campagnes françaises, sous le beau ciel de l'Italie, aux monts helvétiques, sur les vertes prairies de la Hollande, sur les plaines fécondes de la Germanie, l'Europe en deuil eût célébré sa mort par les clameurs de l'effroi. Héros malheureux! tu as vécu trop long-temps; ta mort n'émeut pas plus que la chute d'une feuille desséchée.

Géant des victoires, roi des bataillons armés, ô toi que les rochers et les mers, que le plomb et la foudre ont respecté! ô toi qui seras éternellement la honte des enfans de l'Angleterre, tu n'es plus! Pleurez, fidèles Anglais; votre nom sera maudit; l'exécration de la postérité vous punira de l'hospitalité violée.

Un roc sauvage, au fond des mers était l'asile de celui qui occupa le premier trône, qui vit autour de lui une cour de rois, qui porta partout la victoire et ceignit partout les lauriers. Comment un si grand homme est-il tombé? il semblait l'idole de son peuple.

Ah! il fut ingrat avec ce peuple généreux. Il crut qu'il ne devait sa gloire qu'à lui seul. Un fol orgueil s'empara de son âme; et ceux qui lui avaient dit: «Sois notre chef, mais nous sommes tes frères,» devinrent ses esclaves.

Cependant son peuple ne l'eût point encore rejeté, si la trahison n'eût conspiré sa ruine.

La fortune, les élémens, les intempéries des saisons, l'ouragan, les frimats ne suffisaient pas pour abattre l'homme de la guerre. Il fallut que toute l'Europe se soulevât devant lui, et dix-sept armées marchèrent contre Napoléon.

Cependant, il n'eût point été vaincu: des

traîtres, plus puissans que des armées, le perdirent.

Grand dans les revers, comme dans les faveurs de la fortune, il ne fut point lâche : il n'éteignit point le flambeau de sa vie. Il savait que le monde ne remplacerait pas la perte du grand homme. Il vécut. Hélas! maintenant qu'il est tombé, l'admiration n'a plus d'alimens. Il n'y a plus un grand être dans la race des hommes.

Et vous, qui riez de ses misères, vous n'égalerez point ses crimes; car vous n'avez pas ses vertus.

Il crut que les Anglais, ses fiers ennemis, étaient encore grands, comme ils le furent quelquefois, et comme ils se vantent de toujours l'être. Il vint s'asseoir sous leurs foyers. Le géant malheureux osa se placer sous l'appui de l'Angleterre. Le léopard a-t-il jamais dévoré l'aigle qui tombe à ses pieds, blessé par la foudre? O lâcheté! honte éternelle! souvenirs pleins d'opprobres! Napoléon trouva des chaînes sur une terre hospitalière. Des mains infâmes garottèrent le grand homme, qui se livrait à leur foi; et le génie de l'Angleterre couvrit son front humilié d'un voile épais.

Dirai-je les horreurs d'une captivité odieuse, les geoliers inhumains, l'inquisition hideuse qui environna l'homme du siècle? Non, il était coupable; il fut puni. Mais l'Angleterre devait-elle se charger du rôle de bourreau?

Infortuné monarque, quand tu vins, comme Thémistocle, te livrer à tes ennemis, savais-tu bien qu'ils te préparaient six années de tortures?

L'homme opulent, arraché des bras de la mollesse, et plongé dans un cachot éternel; le coupable, enchaîné pour toujours dans un bagne infect, sont-ils aussi malheureux que Napoléon sur son rocher, après avoir gouverné l'Europe? Seul, au bout du monde! Et il s'était assis sur le beau trône de la France!

Les longues douleurs, les chagrins dévorans consumaient lentement son cœur, et rongeaient ses derniers jours. Il vit en frémissant que sa gloire était passée; que sa vie allait finir, qu'il ne ferait plus rien pour la postérité. Il lui fallut plus de courage qu'aux plaines de Marengo et d'Austerlitz, pour supporter l'idée de cette mort hideuse, abandonné, solitaire, à charge au monde, loin de tous les objets qu'il avait aimés.

L'ange de la mort s'approcha, mais en tremblant. Pour la première fois il semblait craindre de frapper : jamais sa faux sanglante n'avait tranché une vie si grande, et des jours si pleins.

Le soleil se leva quarante fois sur l'agonie du grand homme; chaque jour on le croyait à son heure suprême; et chaque jour le noir squelette reculait devant lui. Ses forces étaient épuisées; la flamme de sa vie allait mourir et tomber dans le néant, comme en des jours plus accablans, mais moins affreux et moins tristes, il avait vu finir le cours de ses jours glorieux.

Il demanda qu'on le portât sur le rocher nu, et qu'on tournât vers la France ses yeux déjà appesantis par la main de fer du génie des tombes.

Il étendit vers le sol européen ce bras autrefois si redouté. Il s'écria d'une voix brisée :

« O France ! je ne te reverrai plus.... C'est là le « plus grand de mes maux. Et vous, champs des « combats, témoins de mes victoires, vous serez « muets au jour de ma mort.

« Et vous, monumens durables que j'ai fon- « dés, mon nom ne charge plus vos colonnes : « vous m'oubliez aussi.

« J'acheverai, dans le désespoir, au milieu des « geoliers, sous la garde de mes barbares enne-

« mis, une vie commencée dans les bras de la « victoire, entourée si long-temps des plus glo- « rieux prestiges, au sein de l'amour des Fran- « çais.....

« O France! ne pleure point sur moi. Je ne « suis que puni : peut-être serais-je devenu un « tyran; peut-être l'étais-je déjà. Cependant tu « m'aimais; tu ne m'as point rejeté....

« O France! ô ma patrie! nous avons eu en- « semble des jours de gloire. — Puissent ma « chute et ma mort te donner des siècles de li- « berté!

« France! pardonne mes fautes : tu les a toi- « même causées. — Hélas! ne peut-on pas se « tromper sans crime, quand on cherche la « gloire.

« Adieu donc, braves qui marchiez avec moi « à la victoire. Adieu, grand peuple; nous ne « nous reverrons plus.

« Et vous, épouse infortunée, fils plus cher « encore.... Ah! j'ai à peine serré dans mes bras « ces objets d'amour que je porte dans mon « cœur. Oh! adieu pour toujours.

« Adieu, ô France! ô ma patrie! si tu n'as

« plus ta gloire et tes combats ; jouis en paix de « ton bonheur, de tes souvenirs ; conserve ta « liberté que j'ai trop enchaînée ; tu n'auras pas « perdu ta grandeur. »

Après ces tristes adieux, le héros, jusque-là si ferme contre la douleur, ne trouva plus dans son âme accablée, la force de comprimer ses larmes : il pleura avec amertume ; et bientôt il expira, les yeux et les bras tendus vers la France. Et quand l'ange noir eut osé le frapper, il rendit son âme à Dieu, en balbutiant ces mots : *Dieu ! protége la France !*

Pleurez aussi, Français ; sa dernière pensée fut de vous bénir.

Pleurez : l'auguste Prince qui siége sur le trône de Henri IV ne comprimera point vos larmes. Napoléon n'était plus votre maître ; mais il le fut ; et le cœur du sage Louis ne demande pas à régner sur des ingrats.

Et moi, étranger à la France, compatriote des bourreaux de Napoléon, j'ai voulu jeter quelques fleurs sur sa cendre, pour cacher l'opprobre de mon pays.

Présentation de la collection « Napoléon »

À l'occasion du 250e anniversaire de la naissance de Napoléon, Hachette-BnF a sélectionné, dans son catalogue, cinq ouvrages marquants, méconnus ou insolites pour revivre l'épopée napoléonienne.

Cinq ouvrages pour raconter le destin extraordinaire de Napoléon : de l'enfance misérable en Corse au sacre impérial, des conquêtes internationales aux Cent-Jours, de la déchéance à la mort sur l'île de Sainte-Hélène, à travers le regard de témoins, d'écrivains et d'historiens.

Les Confessions de l'empereur Napoléon : petit mémorial écrit de sa main à Sainte-Hélène
NAPOLÉON IER

LA MORT DE NAPOLÉON
COLLIN DE PLANCY

NAPOLÉON DANS SA JEUNESSE, 1769-1793
FRÉDÉRIC MASSON

NAPOLÉON IER ET SON TEMPS
ROGER PEYRE

SOUVENIRS D'UN VIEUX GROGNARD
JEAN-ROCH COIGNET

Hachette-BnF s'est donné pour mission de réimprimer à l'identique des œuvres issues du patrimoine historique et littéraire français puisées dans les collections de livres anciens, rares et libres de droits de la bibliothèque en ligne de la BnF, Gallica.

Grâce à la technologie de l'impression à la demande ce sont près de 225 000 titres qui sont disponibles en fac-similé pour satisfaire les lecteurs éclairés, chercheurs, amateurs et passionnés.

Plus d'infos sur : http://www.hachettebnf.fr

Découvrez les collections Hachette-BNF

« Savoirs anciens »

Traité pratique de la fabrication des eaux-de-vie par la distillation des vins
CH. STEINER

Manuel théorique et pratique du brasseur, ou l'art de faire toutes sortes de bière
FRÉDÉRICK ACCUM

Manuel pratique du pâtissier confiseur-décorateur
EMILE HÉRISSE

Nouveau manuel complet de la fabrication de la vannerie
A. AUDIGER

Nouveau manuel complet du distillateur liquoriste
LEBEAUD

Méthode d'équitation basée sur de nouveaux principes
F. BAUCHER

Traité de charpente en bois
GUSTAVE OSLET

Manuel pratique de culture maraichère
COURTOIS-GÉRARD

Manuel de l'étudiant magnétiseur
LE BARON DU POTET

« Les introuvables »

Régina
ALPHONSE DE LAMARTINE

Physiologie de l'employé
HONORÉ DE BALZAC

La Bataille de Sedgemoor
ARTHUR CONAN DOYLE

Voyage en Abyssinie et au Harrar
ARTHUR RIMBAUD

Saint-Yves
ROBERT LOUIS STEVENSON

Piquillo
ALEXANDRE DUMAS

Intrigue et Amour
ALEXANDRE DUMAS

Le Cachemire vert
ALEXANDRE DUMAS

Catherine Howard
ALEXANDRE DUMAS

La Famille de Carjaval
PROSPER MÉRIMÉE

Hamlet
ALEXANDRE DUMAS

www.ingramcontent.com/pod-product-compliance
Ingram Content Group UK Ltd.
Pitfield, Milton Keynes, MK11 3LW, UK
UKHW040325300826
14791UKWH00003B/1121

9 782329 304076